Vingt ans d'Apostolat

Per fidem vicerunt regna !
Heb., XI, 33.

LES PÈRES BLANCS

ou

Missionnaires d'Alger,

par l'Abbé JOSEPH VARIOT,

Docteur ès-lettres, Professeur de Littérature latine

à la Faculté Catholique des Lettres de Lille.

Société St-Augustin. — Desclée, De Brouwer, et Cie, Lille.

Imprimeurs des Facultés catholiques de Lille. MDCCCLXXXVII

LES PÈRES BLANCS.

Coeur immaculé de Marie, priez pour les musulmans et pour les autres infidèles de l'Afrique.

Vingt ans d'Apostolat

Per fidem vicerunt regna !

Heb., XI, 33.

LES PÈRES BLANCS

ou

Missionnaires d'Alger,

par l'Abbé JOSEPH VARIOT,

Docteur ès-lettres, Professeur de Littérature latine

à la Faculté Catholique des Lettres de Lille.

Société St-Augustin.— Desclée, De Brouwer, et Cie, LILLE,

Imprimeurs des Facultés catholiques de Lille. MDCCCLXXXVII

Per fidem vicerunt regna !

SI le quinzième siècle est le siècle de la découverte de l'Amérique, on peut bien dire du nôtre qu'il sera celui de la découverte de l'Afrique. Depuis plus de cinquante ans, le continent noir excite la curiosité des esprits et semble vouloir absorber, à son profit, l'activité humaine tout entière.

Pendant que des hommes de génie percent les isthmes, pour établir la libre communication des mers, les explorateurs de toute nationalité se succèdent sans relâche et rivalisent d'audace pour achever la conquête géographique du globe terrestre : ils parcourent nos possessions françaises du Nord de l'Afrique, ils font le guet aux portes du Sahara et du Soudan, ils sont aux grand lacs, vers le sud-est, sous les feux directs de l'équateur.

Aux récits enthousiastes publiés par les voyageurs, les peuples d'Europe se sont émus à leur tour, et dans la pensée d'étendre leur influence et d'accroître leur fortune, ils travaillent assidûment à fonder des colonies au sein des territoires qui viennent d'être ouverts. C'est à qui plantera son drapeau sur quelque promontoire

isolé, c'est à qui aura le bonheur d'être déclaré le premier occupant.

Toutefois, cette découverte de l'Afrique n'a pas
réveillé que des instincts de curiosité et de conquête.
Elle a fait naître, au cœur des nations civilisées, le désir
de propager leur civilisation parmi les tribus barbares,
et comme la France, malgré ses épreuves, malgré ses
malheurs, demeure encore, en Europe, la première
gardienne de l'idée de civilisation, elle sait toujours en
devenir l'apôtre, à l'aide d'une armée nombreuse qui ne
rompt jamais ses cadres, et par des soldats qui n'ont
pas le droit de répandre le sang, sinon le leur.

Parmi ces héros intrépides et toujours à la bataille,
figurent au premier rang, ceux que la voix populaire de
notre armée, des colons et des Arabes a désigné sous le
nom de *Pères Blancs*. On les appelle aussi *Missionnaires d'Alger*, à cause de la ville qui fut leur berceau.
Les Pères Blancs ont considéré que s'il est beau de
supprimer les distances par le percement des isthmes,
de tenter des excursions hardies dans des continents
jusqu'à ce jour impénétrables, il est plus beau encore
de ne rien ménager, de se dépenser en efforts inouïs,
pour faire reculer la barbarie, et rapprocher les âmes et
les cœurs de la grande famille humaine. Tel est le
secret de leur vocation. Ces ouvriers de Dieu ont eu
l'ambition d'être les messagers de la vérité divine, en
même temps que les ambassadeurs de la civilisation
humaine.

Les Pères Blancs prennent leur nom de leur costume. Ils ont adopté les vêtements de l'Afrique du Nord, afin de moins effaroucher les indigènes et pour mieux se protéger eux-mêmes contre les ardeurs dévorantes du climat. L'Arabe n'aime pas les hommes imberbes : le Père Blanc doit donc porter toute sa barbe ; il est enveloppé de la *gandourah* blanche, coiffé de la *ceccia* ou du *haïk* avec la corde tressée en poils de chameau ; il porte aussi le burnous flottant.

L'association de ces apôtres de l'Évangile s'est formée quelques années avant la guerre, pour conjurer les effets terribles de la famine et de la peste chez les Arabes. Leur nombre s'est vite accru. Par la délégation des chefs suprêmes de l'Église, avec le consentement du gouvernement de la France, qui les a reconnus d'utilité publique, ils ont tout d'abord travaillé à fonder l'influence de leur patrie dans l'Afrique du Nord, et c'est de la civilisation chrétienne qu'ils sont aujourd'hui les hérauts dans la région des grands lacs de l'équateur. On a pu dire avec vérité de cette œuvre, qu'elle est la plus grande de ce siècle. Malgré le court intervalle qui les sépare de leur origine, les Missionnaires d'Alger comptent déjà plus de douze martyrs et quarante-cinq de leurs membres viennent de fonder quatre vicariats apostoliques et onze établissements dans les royaumes du Nyanza, du Tanganyka et sur la rive droite du haut Congo.

Une entreprise si considérable mérite bien une es-
quisse, un court aperçu qui mette sous les yeux le dessein de tant d'âmes généreuses. Car si l'on vante les
exploits d'un seul homme qui a couché sous la tente
du désert, qui a navigué en pirogue aux chutes des
cataractes, qui s'est frayé un chemin à travers les épines des forêts, au milieu de l'escorte de toute la faune
d'une région, n'est-il pas juste de parler aussi d'une
congrégation qui compte deux cent cinquante apôtres
déjà formés ou en voie de formation, qui voit compléter
son œuvre par une congrégation de femmes, où il y a
déjà plus de cent membres actifs ? Toute cette vaillante
phalange brave aussi les climats, entend sans cesse le
glapissement enroué du chacal et le grondement famé-
lique de l'hyène, mais elle n'a pas le temps de le dire
à toute la terre.

Quelles sont donc les Missions des Pères Blancs dans
le Nord de l'Afrique, quelles ont été leurs tentatives
dans le Sahara et le Soudan, comment se sont-ils résolus, sous la bannière du Sacré-Cœur, à la conquête des
régions équatoriales ? C'est ce que j'ai l'intention d'in-
diquer en quelques pages rapides. Pour bien suivre
leurs opérations, j'aurai besoin de fournir quelques données sur la topographie de l'Afrique qui leur sert de
théâtre, et de faire entrevoir les mœurs de ces peuplades,
abandonnées à des instincts sauvages.

Mais avant tout, nous devons faire connaissance avec

ces pionniers de la civilisation, qui sont aussi les apôtres de notre foi.

Vers la fin de 1867, au lendemain de la famine et de la peste qui avaient dévasté
l'Algérie, plus de deux mille petits enfants
abandonnés, flétris, dispersés, mangeaient, autour des
huttes, l'herbe des chemins. On les recueillit sans se
préoccuper des règles de la prudence humaine. N'y a-
t-il pas des heures ici-bas, où la prudence de ce monde
est trop courte pour les infortunes à secourir ? Mais la
miséricorde divine a le secret de susciter alors de grandes œuvres, afin de les opposer à des détresses sans
nom. Pour porter remède aux malheurs qui affligeaient
l'Afrique du Nord, il se rencontra un petit groupe de
jeunes prêtres français, résolus à se dépenser pour l'É-
glise d'Algérie, dans notre colonie et plus loin encore.

Alger fut leur quartier général ; les nombreux orphelins adoptés fournirent un aliment au début de leur
apostolat. Durant des années, le Pape et les Évêques
eurent les yeux fixés sur l'œuvre naissante. Elle se dé-
veloppait tous les jours, se formait à l'intrépidité tenace
comme elle s'entretenait dans l'espérance joyeuse, au

contact des fils de saint Ignace et des enfants de saint Vincent de Paul. Dès qu'elle eut traversé les crises et les hésitations de la première croissance, l'Église, par la bouche de ses plus augustes représentants, fit entendre à ces prêtres, à ces frères, dont la jeunesse était encore toute vive, que l'heure était venue de déclarer librement s'ils se sentaient capables de consacrer leur vie à l'œuvre des missions d'Afrique et de s'y engager par serment. C'était un *visa* pour le martyre qui leur était offert. Ils n'hésitèrent pas à l'accepter de grand cœur. Ainsi, suivant le mot d'un publiciste catholique, au sujet des fléaux de 1867 : « Ce coup de foudre avait creusé un puits de bénédiction, dont les eaux allaient vivifier les déserts. »

La congrégation des Pères Blancs ne s'est pas formée d'une manière soudaine ; mais nous ne l'étudierons pas dans toutes les phases de son développement. Il nous suffit, avant de la suivre dans son action, de nous représenter ses fonctions morales, son organisme, tel qu'il existe aujourd'hui, tel qu'il s'est constitué et affermi en moins de vingt ans. Quelle est donc la fin qu'elle se propose ; comment s'effectue son recrutement ; a-t-elle eu la prévoyance de se ménager une base d'opération, à l'exemple des troupes qui ne se mettent en campagne, que lorsqu'elles sont sûres d'être soutenues par la mère-patrie et de pouvoir s'appuyer sur un camp bien retranché ?

Dans une région où les enfants sont en si grand nombre, où les malades de tout âge implorent les secours de chaque instant, les Missionnaires d'Alger se proposent l'éducation des enfants et le soulagement des infirmes. Une congrégation de femmes est fondée à côté de la leur, afin de pourvoir à l'instruction des petites filles, et pour soigner les femmes des indigènes.

Des enfants à élever, des malades à guérir, c'est toujours et partout le commencement de l'Evangile. Que signifie donc l'appel aux petits enfants, si souvent répété par notre Sauveur, quel est donc le sens de la recommandation faite aux Apôtres : « Soignez les malades ? » Mais les enfants surtout réclament une sollicitude inépuisable. Leurs premières impressions auront un retentissement si décisif sur leur vie tout entière ! Un proverbe arabe, dans sa forme concise, quoique un peu absolue, en dit plus que tels manuels de pédagogie de notre temps : « Instruire le vieillard c'est écrire sur l'eau ; instruire l'enfant c'est écrire sur la pierre. » C'est d'ailleurs par l'entremise des enfants et des pauvres infirmes qu'on arrive aux âmes, aux cœurs qui ont tant besoin d'être relevés de lourdes dégradations et délivrés de longues erreurs ! Mais la conversion n'est pas affaire d'un jour. Pour être prudente, elle doit être préparée par des épreuves multipliées, et demeurer toujours libre, afin qu'il n'y ait jamais lieu de regretter les défections qui naissent de l'empressement.

Les Pères Blancs d'Afrique, comme les bons ouvriers de la vigne de Dieu, ne se contentent pas d'en défricher quelque parcelle et de fournir leur journée ; ils songent au lendemain et à l'avenir, afin que la succession des Apôtres soit ininterrompue. Le recrutement de l'œuvre est incessant. Leurs écoles sont déjà nombreuses et disséminées un peu partout : les unes sont spécialement des maisons d'études, d'autres sont créées surtout pour la formation morale et apostolique. Sur les hauteurs de Carthage, ils ont un scholasticat où l'on cultive les sciences sacrées comme les connaissances humaines, où l'on s'applique à parler ces langues bizarres, qui témoignent de la confusion de la tour de Babel et d'autres confusions encore. De la pépinière de Saint-Louis de Carthage, sortent les Missionnaires et les professeurs préposés à l'instruction complète des enfants, qu'ils soient Maltais, Arabes, Juifs, Nègres, Équatoriens ou fils de colons, comme il arrive à Saint-Charles de Tunis et dans les établissements de Malte. La seule ville de Malte, dans l'un de ses vieux faubourgs, a vu créer, depuis 1881, un institut africain, pour la formation des médecins indigènes, un séminaire de prêtres maltais, et une école normale primaire, où se préparent de jeunes instituteurs kabyles.

Ils ont aussi fondé des écoles apostoliques, afin de discerner les vocations et d'étudier les aptitudes. Français, Belges, Hollandais, Alsaciens, Nègres et Arabes, tous sont appelés à former le contingent de cette armée d'apôtres. A l'extrémité du village de Woluwe, près de Bruxelles, il existe une école très hospitalière qui reçoit les enfants de la généreuse Belgique, de la Hollande et des frontières d'Allemagne. Il y en a une autre à Lille pour toute la grande région du Nord. N'oublions pas l'école apostolique de Saint-Laurent d'Olt, dans l'Aveyron, qui a déjà rendu tant de services, et d'où sont sortis les jeunes Arabes qui suivent aujourd'hui les cours des Facultés catholiques de Lille ; ils sont à la veille de soutenir leur thèse de doctorat en médecine.

Dans chacune des écoles, il se fait un premier travail de polissure sur les intelligences en même temps qu'un triage des volontés qui s'annoncent comme devant être fortement trempées. Les éléments de choix sont envoyés en Afrique pour continuer leur formation apostolique à l'École centrale de Saint-Eugène. De là, les futurs missionnaires passent au noviciat général de *la maison Carrée*. On les y habitue à préférer « une misérable hutte à un palais, une nourriture grossière aux mets exquis, l'eau au vin ; » ils s'y préparent, dans les exercices d'une piété solide, au *serment*, par lequel ils se consacrent à l'œuvre de la mission jusqu'à la mort, comme Pères, s'ils sont prêtres, comme frères, s'il ne sont pas promus au sacerdoce.

Mais à une œuvre si étendue, il faut des appuis, les ressources sont indispensables.

Grâce à Dieu, le point d'appui moral existe à Alger, sous un œil paternel et vigilant. Alger est le centre où l'action du recrutement, d'abord dispersée, s'agrège et se condense. De plus, les Pères Blancs ont une procure à Sainte-Anne de Jérusalem, sur l'emplacement même de la demeure où, selon la tradition, fut conçue et naquit la Bienheureuse Vierge Marie ; ils en ont une autre à Saint-Nicolas de Rome, auprès du successeur de saint Pierre. Ces établissements sont d'abord un acte de piété et d'obéissance filiale. Où peut-on mieux puiser les inspirations de l'apostolat et la foi vivante, dans toute son énergie, si ce n'est à leurs sources, au tombeau du Sauveur, au berceau de la Sainte Vierge, à la confession de saint Pierre et de saint Paul, près du Vicaire de Jésus-Christ ? Mais leur présence à Jérusalem et à Rome est aussi d'un grand poids auprès des peuples qu'ils doivent évangéliser.

Il suffit d'avoir feuilleté quelque étude sur l'Afrique, pour ne plus ignorer de quelle superstition les Arabes entourent le tombeau de leur prophète, de quelle considération ils accompagnent les pèlerins au turban vert qui reviennent de la Mecque. Les Pères d'Afrique sont bien obligés de compter avec les préjugés si invétérés des Mahométans ; ils ont dû se mettre à même d'opposer une réponse victorieuse aux Arabes qui exaltent leur prophète et ses marabouts. Vous nous parlez de la Mecque, peuvent-ils dire, mais le tombeau du vrai et du seul Prophète est à Jérusalem ; quelques-uns de nos Pères y résident et nous y allons aussi en pèlerinage. Vous vantez vos écoles si habiles à expliquer le Coran, mais la véritable école qui interprète l'Évangile est à Rome, et c'est de là que nous recevons la lumière !

Les Pères Blancs vivent d'aumônes et sont les clients de tous les cœurs miséricordieux, de toutes les âmes qui ont l'intelligence de la parole de l'Évangile : *Celui qui donne l'asile à l'Apôtre, recevra la récompense de l'Apôtre !* Cependant, comme on pouvait s'y attendre, ils n'échappent pas à l'esprit de malveillance qui s'acharne aux œuvres catholiques pour les détruire. On a imaginé, sur de très petits calculs, que ces pauvres religieux possédaient des biens-fonds, des capitaux, des millions. Cette manœuvre perfide a été inventée, ce bruit répandu d'une manière contagieuse, pour détourner des missionnaires d'Alger, les aumônes et les ressources qu'ils attendent de la charité... Les millions sont une légende, et, comme le disait hier le vénéré Primat d'Afrique, « quand on en parle, sans compter, on y croit à force de l'entendre dire ; quand on compte, ce sont des millions à *rebours*. » En réalité, c'est dans les aumônes des catholiques du monde entier que les Pères Blancs mettent ici-bas leur principale espérance ; mais leur procure la plus vaste, celle qui ne se refuse jamais à leur assurer le pain de chaque jour, c'est la France. Ils en sont les

enfants, ils en conmaissent la charité, la bonté qui est
celle d'une mère. Aussi ont-ils établi une résidence à
Paris, comme dans d'autres centres, où ils reçoivent des
offrandes et des charités, en échange des services qu'ils
rendent à leur patrie. Car, si les Pères Blancs sont les
ministres de l'Église, ils travaillent aussi pour la France.
Partout où ils existent, ils répandent nos bienfaits, notre
langue, nos mœurs, toute notre influence. Un vaillant
marin qui vient de s'éteindre, l'amiral de Gueydon, était
venu un jour leur faire une visite à la Maison Carrée :
« Je vous approuve, disait-il, parce qu'en cherchant à
rapprocher les indigènes de nous, par l'instruction des
enfants, par la charité envers tous, vous faites l'œuvre
de la France ! »

Malgré cette approbation flatteuse, ce témoignage
si autorisé, n'allons pas croire que cette jeune congrégation n'ait pas connu l'adversité. Elle a traversé ses
épreuves grandes et petites, mais surtout les grandes
qui sont venues de partout : des colons français ou
étrangers, qui n'émigrent guère pour leurs intérêts
éternels ; de quelques lettrés moralistes qui imagi-
nent je ne sais quel royaume arabe cristallisé, auquel
il ne faut pas toucher ; des assemblées publiques à
Paris et à Alger, qui refusent de modestes allocations
à des prêtres qui sont pourtant plus influents que des
bataillons, au dire des Arabes. On a prétendu qu'ils ne
sont pas populaires, qu'ils affectent une modestie cal-
culée ; on a ajouté, en les visant, que la plaie d'une

colonie qui commence, c'est le prêtre, que la présence de ces missionnaires, dans nos possessions du Nord, nous conduisait tout droit à des *Vêpres Tunisiennes !* Ces insinuations et ces sarcasmes n'ont pas découragé les Pères Blancs. Ils se sont souvenus que de vrais apôtres doivent être bafoués et traités comme la balayure du monde ; ils ont continué à passer en faisant le bien.

Un jour, toutefois, des esprits austères, qui voudraient de la géométrie jusque dans le sacrifice, s'avisèrent de ne plus s'attaquer à leurs personnes, mais à l'œuvre même. « Vous voulez trop entreprendre, — disaient ces hommes qui ont surtout le zèle des autres, — le Nord de l'Afrique, le centre, les grands Lacs ! mais vous n'y suffirez jamais ! » Ce jour-là, celui qui est le Père des Missionnaires d'Alger, qui les défend toujours comme les fils de ses entrailles, s'est senti atteint dans ses affections les plus vives, dans sa dignité de chrétien et dans son patriotisme de français. Comme l'Apôtre se levait autrefois devant ses Juges, pour se réclamer du droit de citoyen romain, l'Archevêque d'Alger s'est levé aussi, pour lancer cette réponse vibrante et pleine de fierté : « Lorsqu'on travaille pour l'Église et pour la France, s'est-il écrié, on ne fait jamais assez ! Une entreprise pareille réclame l'homme tout entier, il y faut plus que du dévouement, elle exige l'héroïsme ! »

Une réponse analogue était adressée, ces dernières semaines, au Ministre revenu à résipiscence et qui offrait de rétablir au budget une somme de cent mille francs, pour le clergé d'Algérie et de Tunisie. Le crédit n'a pas été accepté par les évêques d'Afrique, il.ne pouvait l'être. Les motifs de ce refus s'imposent à toute conscience catholique. Aux heures de trouble et de déchirement qui sont les nôtres, faut-il donc laisser croire à la France, que les pouvoirs publics pourvoient à tout le service religieux dans une vaste colonie, avec une aumône presque dérisoire? doit-on permettre, à l'occasion de la discussion des crédits, que des hommes politiques de toute tribu et de toute langue, soient admis à discuter des œuvres qu'ils ne peuvent comprendre?

La Congrégation des Pères Blancs a ses vertus, ses établissements, ses points d'appui ; elle a été trempée par l'épreuve et par la lutte. Elle est prête à entrer en campagne.

Mais jetons tout d'abord un coup d'œil sur la carte d'Afrique.

L'AFRIQUE, dont la superficie égale plus de trois fois celle de l'Europe, offre l'aspect d'une île immense. Elle se développe au Nord, depuis nos possessions d'Algérie et de Tunisie jusqu'au Cap de Bonne-Espérance. La ligne de l'équateur partage le continent en deux parties presque égales ; à l'ouest et à l'est, les mers lui forment une vaste ceinture ; elle est cependant rattachée à l'Asie par l'isthme de Suez.

Les savants inclinent à penser, qu'à la différence de l'isthme de Suez, autrefois submergé sous les eaux, le massif de l'Atlas, dont les deux extrémités finissent au Maroc et en Tunisie, était, dans des temps très anciens, relié à la Sicile et aux *Sierras* d'Espagne. A cette époque géologique, si jamais elle a existé, la mer Méditerranée n'ayant pas encore fait éclater la soudure, l'Afrique n'aurait pas été une île, mais bien un vaste appendice de l'Europe. Contentons nous de sa forme d'aujourd'hui et considérons-la comme une île, dont le nord, le sud-est et un peu le centre doivent spécialement attirer notre attention.

Le rivage baigné par la Méditerranée, à partir de la pointe de la province d'Oran, jusqu'au cap Bon, dans la régence de Tunis, s'élève en amphithéâtre, sous le nom de *tell* ou *sahel* et s'adosse à l'Atlas, qui se divise en chaînes parallèles à la mer, mais réunies entre elles par de puissants contreforts. Quelques-uns de ces contreforts, à angle droit sur les hauteurs longitudinales, se détachent un instant de la chaîne principale ; ils semblent prendre un essor violent, comme des arbres qui seraient gênés à leurs bases, et s'élancent en pics

et en cîmes nombreuses, entre lesquelles tournoient les
vautours. Plusieurs de ces cîmes, découpées en pitons et
en aiguilles, sont glacées et couvertes de neiges éter-
nelles. Telle est la région montagneuse du Djurjurah ;
sa configuration se distingue surtout par des arêtes
aiguës, par des ravins abrupts et des précipices béants ;
des sentiers étroits et escarpés courent en lacets infinis
sur les pentes ondulées, avant d'aboutir aux demeures
aériennes des Kabyles. Au printemps, la végétation y
est verte et éblouissante, le paysage sauvage et gran-
diose rappelle les sites les plus pittoresques de la Suisse.

Lorsqu'on descend les pentes de l'Atlas, en tournant
le dos au sahel, le désert commence. C'est le Sahara
avec sa longue mer de sable, aujourd'hui pleine de va-
gues et tourmentée par les rafales de la tempête, demain
d'une surface calme, unie et brûlante, de temps en
temps seulement entrecoupée de quelques hauteurs
vives et étincelantes au soleil, comme des lames de
sabre, ou couverte de quelques oasis, au milieu des-
quelles, s'agitent, dans des murmures sans fin, les hauts
palmiers. Jadis, paraît-il, des fleuves roulaient sur ces
nappes de sable encore imprégné de salpêtre ; de nos
jours, il n'y a plus que des lacs d'eaux saumâtres et des
puits creusés de loin en loin par les caravanes.

Le Soudan, les hauts plateaux prolongent le Sahara
dans la direction du sud, et les cavaliers du désert,
montés sur des *méharis*, les dromadaires rapides, ou

sur leurs chevaux qu'ils maîtrisent à leur gré « comme de l'eau dans leurs mains, » peuvent, durant des centaines de lieues, se livrer à des courses vertigineuses, approcher de Tombouctou, la ville mystérieuse où tout le monde n'entre pas.

A partir de l'équateur, si l'on se dirige vers le sud, en suivant la région de l'est, de manière à être enfermé entre la rive droite du haut Congo et l'Océan Indien, on arrive aux grands lacs, où le Nil paraît prendre sa source : le Victoria Nyanza et le Tanganyka, Quelques voyageurs suivent la vallée du haut Nil, pour arriver aux grands lacs, mais la route par terre paraît plus courte et plus sûre, en partant de Zanzibar, par la voie de l'Océan Indien.

L'Afrique du Nord, celle de nos possessions françaises, est devenue la proie des Arabes. Ils ont, depuis des siècles, semé partout la terreur et tout fait ployer sous la menace du cimeterre ; la polygamie continue à les entretenir dans des instincts bas et cruels. Mais l'invasion arabe n'avait pas trouvé le sol sans premier occupant ; il était peuplé par les Berbères, les Égyptiens primitifs, qu'on appelait les *hommes* par excellence. Des Berbères sont sortis deux grands rameaux, les Kabyles et les Touaregs, répartis en plusieurs tribus. C'est une généalogie qu'il faut retenir dans ses grands traits.

Dès les premiers siècles du Christianisme, et dans

les époques qui suivirent, les Berbères déjà gagnés à la vie agricole, avaient reçu la prédication chrétienne. Cette tradition est demeurée si profonde, que de nos jours, leurs descendants parlent encore de « l'ancienne voie des ancêtres. » Ils furent longtemps fermes dans leur foi. Un historien arabe, qui écrivait vers le quatorzième siècle, raconte que, placés dans l'alternative de la mort ou de l'apostasie, quatorze fois ils parurent adhérer à la religion mulsumane, et quatorze fois ils revinrent « à l'ancienne voie. » La persécution acharnée a fini par les briser. De leur ancien christianisme, ils ne conservent aujourd'hui, que des mœurs plus sévères, le signe de la croix, qu'on retrouve dans leurs demeures, sur les selles de leurs chevaux, et jusque sur leur front, où le signe est devenu indélébile par les piqûres du tatouage. En pleine Tripolitaine, à Rhadamès, l'ancienne Cydamus des Romains, une rue tout entière, c'est la rue du *Non*, témoigne encore de la résistance que les pieux ancêtres des tribus Berbères surent opposer à ceux qui voulaient les faire apostasier. *Non* c'était le cri de ralliement des Martyrs ! Toutes ces traditions sont conservées par les Kabyles du Djurjurah et les Touaregs du Sahara et du Soudan.

Car, les deux grandes familles des Berbères, prirent le parti de céder au flot envahisseur et de se retirer devant les fils de l'Islam. Les Kabyles ou aborigènes cherchèrent un refuge sur les sommets du Djurjurah, où ne pouvaient chevaucher les cavaliers arabes. Ce n'est qu'à la longue qu'ils ont adopté quelques cérémonies de la religion musulmane ; elles sont entretenues chez eux par les marabouts arabes. Il n'y a pas de marabout kabyle. D'ailleurs les quelques *momeries* qu'ils pratiquent, ne leur tiennent pas au cœur, elles sont tout au plus, comme un burnous jeté sur leurs épaules, suivant l'expression du général Daumas.

Le Kabyle de nos jours est grand, blond, osseux et se rapproche du type romain. On dirait même d'une médaille romaine. Il est toujours l'homme d'une race longtemps indomptée, à qui la servitude est en horreur, qui se souvient de toutes ses gloires depuis Jugurtha jusqu'à Abel-el-Kader, qui se barricade dans sa *montagne de fer*, et ne craint pas de répéter à qui veut l'entendre, qu'il prépare deux sortes de kouskous : le kouskous blanc, celui de l'hospitalité et le kouskous noir qu'il met dans son fusil ; c'est la poudre et il sait la *faire parler !*

Une autre famille des Berbères, les Touaregs se trouvèrent encore trop près des conquérants, dans le massif de l'Atlas ; ils firent leur exode vers le sud. Aussi, depuis des siècles, ces tribus nomades sont en route vers les vastes solitudes dont ils se sont constitués les gardiens.

On dit que leur nom de Touaregs signifie les indépendants, d'aucuns ajoutent qu'il faut traduire les brigands, qui rançonnent les caravanes et vivent de pillage aux portes du Soudan, les Arabisans fidèles à l'étymologie préfèrent les appeler « les Séparés. » Rien n'égale leur énergie. Ils courent tout le jour par la chaleur, et dorment en plein air sur une pierre, leurs armes à leurs côtés. Avec des souvenirs du Christianisme plus effacés encore que chez les Kabyles, ils parlent un dialecte de la langue berbère, et ne sont pas étrangers à toute civilisation.

Les Touaregs ne sont pas polygames, les femmes y sont libres et respectées ; elles suivent avec grand soin l'éducation de leurs enfants et s'entendent en littérature et en musique. C'est la dame, parmi les Touaregs, qui chante en s'accompagnant sur une sorte de viole, lorsque reviennent vainqueurs les terribles guerriers. Voici un signe caractéristique de leur costume : les dames Touaregs ne sont jamais voilées, les hommes le sont toujours, même la nuit ; les yeux seulement sont à découvert. Ces nomades toujours en route à travers le Sahara et le Soudan, doivent se mettre en garde, par un voile bleu, contre la réverbération solaire et les sables menus du désert.

D'autres tribus, installées plus loin dans le voisinage des hauts plateaux, n'ont pas la facilité, comme les Touaregs, de vivre de vols et de rapines. Elles sont forcément plus sobres. Ce n'est pas à dire, qu'à l'exemple de l'autruche, ces Soudaniens mangent des cailloux.

comme du pain, mais ils n'ont pas de répugnance à
broyer les os des animaux, pour s'en faire une bouil-
lie alimentaire. Un explorateur raconte qu'un matin, à
son réveil, il s'aperçut de la disparition de ses chaus-
sures. Les naturels en avaient fait un plat succulent
dont ils s'étaient régalé.

La région des lacs de l'équateur est d'une étendue
égale à celle de l'Europe et ne compte pas moins de
cent millions d'habitants. Elle est surtout peuplée par
les nègres *Bantous*. Ces tribus pullulent et n'ont
presque jamais le loisir de travailler, elles passent leur
temps à s'entre-tuer ou à danser. Ces danses ne sont
pas toujours farouches et belliqueuses, elles sont quel
quefois calmes et tranquilles, avec des mouvements et
des gestes presque imperceptibles. Les femmes ont
leur danse à elles, qu'elles exécutent doucement, sans
se séparer de leurs enfants. Mais les danses agitées,
que les hommes se réservent avec tout l'appareil des
armes, finissent presque toujours par des blessures et
l'effusion du sang. Elles ne sont pas accompagnées,
comme chez les Arabes, du bruit d'un tambourin qui
retentit ou des sons perçants de la flûte mêlés aux cli-
quetis des castagnettes. Le pas africain des Nègres est
conduit avec une agilité qui les transporte mieux que
le *pombé* ; il consiste à soulever avec les pieds des nua-
ges de poussière, pendant que les bras se tordent en
mille contorsions et que le gosier pousse ses notes
les plus rauques et les plus précipitées.

La race est belle, mais son éducation n'est pas com-
mencée. La langue paraît d'une difficulté extraordi-
naire. Un linguiste allemand, en veine de plaisanterie,
a dit que ce langage se distingue de tout autre par
ses quatre claquements : l'un ressemble au bruit d'une
bouteille de vin mousseux qu'on débouche, un autre au
clac par lequel on excite un cheval, les deux autres ne
ressemblent à rien. Ce n'est là qu'une boutade. Ce qui
est vrai, c'est que dans cette langue dominent les sons
graves et aigus, les onomatopées, qui expriment les
sentiments et les sensations, à l'aide d'expressions sono-
res ou de cris inarticulés. Ces peuples disent bonjour,
en faisant subir une série d'inflexion à la voyelle *a*.
Quand le bonjour est sec, il n'y a presque pas d'in-
flexions, elles sont interminables au contraire, et sur
des modes variés, lorsque le salut est gracieux.

Toutes ces peuplades, traquées sans cesse par les
Arabes, qui font également la chasse à l'esclave et à
l'ivoire, se laissent surprendre par le fanatisme musulman. Sur toute la surface de l'Afrique, on compte
aujourd'hui plus de cinquante millions d'adhérents à la
religion de Mahomet !

En face de ces races du Nord, arrachées au Christianisme, de celles du Sud menacées à leur tour par les
Mahométans, en présence du blocus que les nations
d'Europe, avides de possessions nouvelles, entrepren-
nent à l'envi contre toutes les régions de l'Afrique, les

Pères Blancs se sont demandé s'ils ne réclameraient pas une place, pour leur ministère de paix, dans tout ce mouvement colonial, et si l'heure d'une nouvelle croisade n'était pas venue, pour commencer ou reprendre la prédication de l'Évangile.

Es Missionnaires d'Alger forment une association toute jeune, qui n'a pas vingt ans ; elle est dans toute sa sève, dans sa première fraîcheur. Dès leur apparition, ils ont fait passer un souffle de résurrection sur cette terre africaine, et à l'heure où tout semble finir parmi nous, ils ont la gloire de tout commencer là-bas.

Leurs postes sont établis sur le littoral de la Méditerranée française ; les gorges serrées de l'Atlas se sont ouvertes à leur apostolat, depuis la province 'd'Oran jusqu'au Djurjurah, jusqu'à la régence de Tunis ; leurs stations, dans le protectorat, s'appellent Kairouan, la seconde ville sainte des Arabes après la Mecque, Tabarca, dans le pays des Kroumyrs qui ne sont pas des êtres fabuleux, mais surtout Saint Louis de Carthage et Tunis. Les profondes solitudes du Soudan les ont tentés ; ils sont encore au M'zab, en plein Sahara.

Le souvenir de l'inauguration reste vivant parmi les populations arabes ; on se raconte encore, sous la tente, la *diffa* offerte aux nobles invités par l'archevêque d'Alger, ainsi que la *fantasia* exécutée par d'anciens chefs indigènes de l'armée d'Afrique. Plusieurs jours avant la cérémonie, les femmes arabes tout affairées autour des larges plats en bois de frêne que fabriquent les Kabyles, avaient broyé, sans relâche, le froment qui sert au kouskous « de l'hospitalité » ; des bardes étaient descendus des hauteurs de l'Atlas, avec de petits poèmes de leur composition. D'Alger, de France et d'Angleterre étaient accourus de magnanimes soldats ; des femmes illustres vinrent aussi tenir la place des héros qui n'étaient plus.

Avec quelle émotion et quel transport n'a-t-on pas acclamé la pieuse et noble épouse du glorieux vaincu de Castelfidardo, du vaillant soldat de Constantine ! On l'avait cru perdu dans cette sanglante journée, et les vieux chefs indigènes, en saluant son auguste compagne, après tant d'événements survenus, rappelaient qu'ils l'avaient vu à l'ambulance, le soir de la bataille, tout noir de poudre, respirant à peine, étendu sur le lit de camp, que, par une inspiration toute française, les chefs de l'armée avaient recouvert du drapeau de Constantine.

Les détails d'une *diffa* ou d'une *fantasia* sont décrits dans tous les livres sur l'Afrique ; mais comment ne pas évoquer ici le souvenir d'une poésie qu'un vieil arabe avait écrite en mètre libre, et qu'il récitait dans cet idiôme guttural formé pour des poitrines profondes ? Le vieux barde chantait et chantait toujours, mais son refrain préféré était celui-ci :

Les enfants avaient pris la fuite,
N'ayant plus de pain et broutant l'herbe
Ils n'avaient plus de père ni de mère...
Le grand Marabout les a recueillis !

A ce souvenir du fléau et de la charité héroïque qui en avait triomphé, les larmes coulaient, les cœurs étaient attendris. Tout ce qui part du cœur ne se fait-il pas entendre par lui ?

Pendant que les Pères Blancs présidaient à la formation des villages chrétiens, à l'installation de l'hôpital des Attafs, leur avant-garde avait déjà fait de nouvelles étapes. Depuis quelques années et surtout lorsque l'œuvre des orphelins arabes allait toucher à son terme, ils avaient songé à étendre leur croisade. Ils n'eurent pas un moment d'hésitation sur les tribus qu'ils évangéliseraient de préférence, dans la population si mêlée dont se compose l'Algérie. L'Arabe adulte est fanatique, privé de toute liberté et sans cesse surveillé par des zélateurs farouches. Les Juifs, de leur côté, sont trop enfermés dans leurs affaires d'ici-bas pour se mettre en peine de l'au-delà. Les Berbères, au contraire,

Kabyles et Touaregs, jadis conquis par les Romains, civilisés par le christianisme, ont donné du sang pour la défense de leur foi, et, chez eux, tous les vestiges de « l'ancienne voie » ne sont pas effacés.

Les Pères Blancs se sont donc tournés vers la race Berbère, avec l'espoir de rallumer le flambeau de leurs croyances, et les premières expéditions s'engageaient dans le Djurjurah de la Grande-Kabylie. Des stations furent établies sur les cônes qui s'étagent presque en demi-cercle autour de Fort-National, « cette épine plantée dans l'œil, » comme l'appellent les Kabyles avec un profond chagrin. Ces stations sont aujourd'hui au nombre de sept, et sur les sommets du Djurjurah, comme au pied de l'Atlas, les premiers soins sont offerts aux malades et aux enfants.

Les voyages à travers les pays montagneux sont longs et pénibles. Mais surtout dans ces régions qui semblent se dérober, les kilomètres sont des kilomètres de spahis, qu'on ne fait qu'en une demi-heure ; on n'a jamais fini de gravir des sentiers qui s'entrelacent, où quelquefois tout le monde glisse et descend, homme et monture ; les premières habitations ébauchées sur ces hauteurs ne sont pas toujours solides : il leur arrive d'être balayées par de terribles ouragans.

L'installation est toujours sommaire sur un sol en terre battue. Dans la même pièce, pas très grande et que des portes à larges fissures protègent mal contre le vent, on crée des compartiments fictifs, afin d'agrandir le domicile. Il y a tout au fond, en face de la porte, ce que l'on nomme la chapelle, celle-ci voilée par un tapis tendu ; près de l'entrée, le *divan*, où sont accueillis les visiteurs ; dans un coin, la cuisine, avec un attirail très restreint ; à une autre extrémité, le logement de la mule et aussi de deux petits sangliers apprivoisés ; au milieu, la salle à manger avec une caisse qui sert de table. Après le souper, la pièce tout entière est transformée en dortoir, et le Père supérieur a le privilége de coucher dans la caisse, où viennent le rejoindre les petits sangliers, lorsqu'ils ont trop froid.

Quelque modeste que soit l'installation, le *divan* est rempli, dès la première heure, de malades et de curieux : le marabout arabe vient souvent y passer ses moments de loisir ; les infirmes surtout s'y pressent et sont très prolixes daus la description de leurs maladies. Mais l'école est l'œuvre principale des Pères Blancs.

Les Kabyles apprécient l'instruction pour leurs enfants, mais n'entendent pas s'assujettir aux vexations des lois de l'enseignement obligatoire. L'internat, surtout l'internat des jeunes filles a le don de les exaspérer, et lors d'une création récente qui ne fut pas de leur goût, on les vit descendre à Fort-National et déclarer au résident civil qu'ils étaient prêts à en finir, plutôt que de laisser toucher à leur famille : « Si tu veux prendre nos filles, lui disaient-ils, il ne nous reste plus qu'à *travailler* une route pour aller nous jeter dans la mer ! »

Les Pères Blancs savent respecter la liberté des Kabyles et mériter une confiance, que des lois oppressives n'imposeront jamais. Aussi, dès que la petite cloche de l'école annonce l'heure de la classe, sur l'un des sommets du Djurjurah, les enfants accourent avec empressement aux demeures respectives des « Pères marabouts et des vierges maraboutes. » En hiver, et même jusqu'au mois d'avril, l'accès de l'école n'est pas sans danger, parmi ces pics couverts de neige, où le sentier doit être frayé chaque matin ; mais le père de famille aime son enfant comme la pruneille de son œil et ne consent pas à l'exposer seul à un voyage aussi périlleux. Au premier signal de la cloche, le Kabyle hisse l'enfant sur ses épaules, et d'un pied agile et assuré, s'avance sur les arêtes vives qui bordent les ravins, et arrive enfin avec son fardeau qui s'échappe triomphant de ses bras et va s'ébattre au milieu des camarades. Vers le premiers jours du printemps dernier, un membre de l'enseignement supérieur, venu de Paris pour une excursion dans l'Atlas, assistait un matin à l'ouverture de la classe. Comme il témoignait sa surprise et son admiration à l'un des intrépides Kabyles qui venait d'accompagner son fils : « Vois-tu, lui dit familièrement le Kabyle, je vais tout t'expliquer. Quand la cloche sonne, nos enfants ne restent plus en place ;

ils sont comme des *tourbillons*, impatients d'arriver chez les marabouts de France. On ne peut pourtant pas les laisser partir seuls dans la neige et sur la glace ! Nous les élevons sur nos épaules et nous les apportons. » Le professeur touché de cette explication fit un salut cordial aux Pères Blancs et leur dit avec émotion : « Il y a ici un attrait pour ces enfants et leur instinct ne les trompe pas ; il trouvent en vous des Pères ! »

Cette œuvre patriotique et de pacification poursuivie par les Missionnaires d'Alger, les résidents civils de Fort-National ne se refusent pas à la faire valoir contre les influences étrangères qui tentent de s'insinuer jusque dans le Djurjurah. Les Anglais nous ont souvent appris à nos dépens qu'ils aiment les colonies, mais surtout les colonies des autres, où il n'y a plus qu'à s'établir, sans s'imposer les labeurs ingrats de la première occupation. L'Angleterre regarderait-elle d'un œil de convoitise nos possessions de l'Afrique du Nord ? On pourrait le soupçonner, en voyant les missions de propagande que la société biblique de Londres s'est mis en tête de diriger sur la Kabylie. Mais les efforts des ministres anglicans et de leurs *ministresses*, ne sont pas encore à la veille d'être couronnés de succès. Il y a quelques mois, au cours d'une visite qu'un Père Blanc rendait au résident civil, on annonce l'arrivée de quelques membres de la société biblique ; ils demandent à être introduits. Le Père Blanc s'apprête, par discrétion, à prendre congé, mais il est retenu par le résident civil. L'entrevue ne dura qu'un instant avec les nouveaux venus. La députation anglaise sollicitait la protection du représentant de la France : elle venait travailler à la civilisation des Kabyles et leur apprendre à devenir de bons Français. Le résident les remercia de tant de bonnes intentions, et leur indiquant de la main le missionnaire qui était debout à ses côtés : « Nous avons en lui, dit-il, et dans tous les autres Pères Blancs, des hommes qui s'entendent très bien en civilisation et dans l'art de former les enfants de la France ! »

Ils ont de plus la joie de former les enfants de l'Église. Car, si les jeunes Kabyles fréquentent leurs écoles pour apprendre le français, ils y viennent aussi pour entendre parler de Dieu et de « l'ancienne voie. »

De temps en temps, quelques-uns de ces enfants, plus avides d'étudier, décident leur famille à les laisser partir pour Alger, à la maison-mère de la Mission. Ils s'y appliquent, ils écoutent et s'habituent « à gouverner leur langue. » A l'époque des vacances, ils reviennent dans les montagnes. Avec quels transports, au milieu de quelles effusions ne se jettent-ils pas dans les bras de leurs mères ! Celles-ci, suivant leur coutume d'exprimer leur joie, les accueillent avec de grands cris ; elles convoquent leurs voisines, qui témoignent aussi leur satisfaction par des clameurs assourdissantes. Alors, tout ce qu'on leur a enseigné dans la grande ville, les enfants le racontent dans leur pittoresque langage. Là-bas, disent-ils, on nous apprend que Dieu reçoit les siens dans des *maisons d'or*, et que tous ceux qui ne suivront pas la vraie voie, seront condamnés *à manger du feu* toujours. A ces récits vifs et animés, les mères pleurent et méditent. Souhaitons le jour où les enfants et les mères pourront être éclairés ! La conversion de la femme, c'est la fin de l'islamisme !

C'EST aussi la cause de la France et de l'Église que les Pères Blancs ont prise en main, depuis 1875, dans la régence de Tunis et dans les profondeurs du Sahara.

A une heure de la Goulette s'élève en amphithéâtre une série de collines couronnées par une hauteur célèbre qui fut longtemps l'Acropole d'une colonie phénicienne. Sur le sommet principal de tous ces monts était assise l'ancienne citadelle de Byrsa. On ne peut entreprendre l'ascension de ces collines étagées sans rencontrer quelque grand souvenir, on ne peut faire un pas sans fouler quelque vestige du passé. Le poète épique a chanté, en langue latine, cette reine fugitive, partie des côtes de la Phénicie, abordant à ces rivages, pour y fonder la cité de Carthage, qui balança si longtemps la fortune de Rome. La malheureuse exilée avait espéré pouvoir oublier, dans ce refuge, les amertumes de sa vie, tous ses chagrins ; elle en retrouva de plus grands encore et finit de désespoir au milieu des flammes d'un bûcher ! Dans la suite des âges, l'histoire dégagée de la légende, a conservé le souvenir d'une autre femme, l'épouse d'Asdrubal, qui se condamna aussi à une mort violente, au sein de cette même forteresse, pour échapper à l'armée de siège et aux outrages du vainqueur.

Après bien des vicissitudes, sous la domination de Rome, après les jours de gloire et de persécution de la première prédication chrétienne, temps admirables et terribles, où l'Église de l'Afrique proconsulaire eut à verser des flots de sang pour la cause de l'Évangile — on a pu comparer cette terre sacrée à un immense reliquaire baigné du sang des martyrs ! — la citadelle devint un camp retranché, pendant les croisades, et c'est là, selon une tradition qui n'est pas démentie, que notre roi saint Louis, au milieu de son armée en deuil, étendu sur un lit de cendre, rendit le dernier soupir, les yeux tournés vers « la douce France. » Durant le cours d'une longue période, ces régions barbaresques, dévastées par l'invasion musulmane, ne furent guère visitées que par les Religieux voués à la rédemption des captifs, dont saint Vincent de Paul fut assurément le plus illustre.

C'est seulement dans la première partie de notre siècle, qu'on eut enfin la pensée d'élever, sur les ruines de l'ancienne citadelle, un monument en l'honneur d'un Roi qui fut un guerrier et un apôtre. Une bien modeste chapelle, sous le vocable de Saint-Louis, fut érigée il y a quarante-cinq ans; des prêtres français y remplirent la charge d'aumôniers. C'est ainsi que l'acropole de Byrsa fit place à la chapelle de Saint-Louis. Depuis plus de dix ans, les Pères Blancs ont reçu de Pie IX la mission de la desservir ; ils y étaient établis à la tête d'un orphelinat pour les indigènes, lorsque survinrent les événements de 1880 et l'expédition de Tunisie. On vit bien alors, par quel dessein providentiel, ces enfants de la France s'étaient installés sur les hauteurs de Carthage.

Dès les premiers jours, notre armée d'occupation, notre marine mouillée à la rade de la Goulette, se trouva à Saint-Louis, en terre française. Le corps du génie y fixa son quartier général pour les opérations de topographie et de triangulation ; officiers de la flotte et généraux faisaient appel aux Missionnaires pour le service divin et pour la consolation des malades. Plus tard, des sénateurs et des députés chargés d'enquête, faisaient aussi séjour dans l'établissement de Carthage. Émus et reconnaissants de la cordialité toute française avec laquelle ils étaient accueillis, ils déclaraient sans vergogne, que certain cri de guerre religieuse proféré ailleurs, n'était pas « un article d'exportation ou de navigation. » Au cours de cette expédition, qui devait aboutir à notre protectorat reconnu, les officiers qui avaient visité l'orphelinat des Pères, songeaient aussi à le recruter, et se vouaient, entre-temps, à l'œuvre des abandonnés et des vagabonds. Un jour, l'un de ces chefs au cœur magnanime, montait à Saint-Louis, accompagné d'un jeune arabe. Le pauvre petit être était enfermé dans un costume qui n'avait pas été confectionné à sa mesure, ni à la dernière mode. Dès qu'il aperçut le Père Supérieur : « Mon Père, dit l'officier, c'est un petit indigène que je viens de racheter, son équipage était très restreint. Il n'est pas vêtu avec luxe, mais j'ai dû lui tailler moi-même cet accoutrement, et mettre la main à l'aiguille, pour qu'il fut en état de vous être présenté. Je vous prie de faire le reste.» Comment un orphelin, présenté sous de pareils auspices, n'aurait-il pas été accepté, les bras ouverts ?

Voilà ce qu'on a vu, pendant cette campagne de Tunisie ; mais combien d'autres services rendus par les Pères Blancs, qui ne tombent pas sous les yeux, et que Dieu se réserve comme un spectacle digne de Lui et de ses Anges !

Une armée d'occupation, avec ses cadres, ses lignes déterminées, ses moyens d'approche, n'apparaît au premier coup d'œil, que comme une agglomération de soldats toujours dans l'action, incessamment engagés dans quelque entreprise, dans quelque mêlée sanglante.

Mais ce n'est là qu'un aspect de la guerre et de la vie des camps. Aux heures d'effort et d'entraînement, succèdent les journées d'attente, de lassitude, où les cœurs, les âmes envahies subitement par les souvenirs, se sentent comme déracinées sur ces plages lointaines, avec tout le malaise qu'on éprouve en face de l'inconnu. L'absence n'est-elle pas le plus grand de tous les maux ? Et puis, il y a aussi là-bas, sur le sol de la patrie, des existences que l'inquiétude dévore, des pères qui s'attristent, des mères qui se lamentent, de jeunes familles brusquement interrompues, qui ne sont ingénieuses qu'à se tourmenter, qui n'ont jamais assez de nouvelles, qui se défient de celles qui arrivent, et qui du moins, seraient si heureuses de tout connaître à tous les instants ! A ces heures d'angoisse, il est bon, pour ceux qui sont loin de la demeure paternelle, de toutes leurs affections, de pouvoir respirer un peu d'air natal, de revivre quelques instants en France, au moins par la pensée, de rencontrer des amis sûrs et dévoués en qui l'on épanche le chagrin qui s'accumule, les ennuis noirs et les abattements profonds ; il est bon que des épouses, des mères puissent compter, en toute vérité, sur des correspondants sûrs qui suppléent à tout ce que les dépêches ont toujours de si laconique ! Les Pères Blancs furent ces précieux intémédiaires entre les soldats, leurs familles et leurs enfants. Qui pourra redire les visites souvent répétées, les entretiens fortifiants, les libres causeries échangées avec les Pères, par ces fils de la France, qui retrouvaient, sur les hauteurs de Saint-Louis, la patrie, le souvenir du foyer, la consolation, l'espérance ? Qui pourra jamais connaître toutes les lettres adressées à Carthage, tous les messages qui en partaient, pour calmer, pour rassurer tant d'âmes gémissantes, tant de cœurs meurtris ? Ce sont là des secrets et des mystères, qui échappent au regard de la foule ; mais ceux qui ont pu les soupçonner, verser le baume sur des plaies saignantes, faire passer dans des vies en détresse le courant d'espérance qui retrempe et qui rafraîchit, ces hommes-là, nous n'en pouvons douter, ont accompli une œuvre patriotique et française.

C'est à Tunis que les Pères Blancs ont peut-être le plus contribué à établir notre influence. Au moment de la reconnaissance du protectorat, nous n'avions dans la capitale de la Régence, qu'une ou deux écoles primaires dirigées par des religieuses et des religieux français. Les Italiens, qui sont en quête de colonie, avaient été plus avisés. Convaincus que la langue est le meilleur véhicule pour propager les mœurs et répandre les idées, ils avaient créé, depuis près de vingt ans, un collège international, un collège de jeunes filles, des cours du soir, et dans d'autres villes de la Tunisie, des établissements semblables. Par ces fondations, ils essayaient de saisir la population maltaise, de rapprocher de leurs coutumes les Juifs et les Musulmans. Mais les dispositions de cette population mêlée ne leur étaient guère favorables. Nulle puissance, plus que la France, n'a d'autorité et d'ascendant sur les Juifs et les Arabes; le Maltais lui-même a plus de penchant pour le Français que pour l'Italien.

Il était donc indispensable qu'une grande école française fut ouverte à Tunis ; les Pères Blancs se trouvèrent en nombre pour suffire à cette besogne. Le collège Saint-Charles fut fondé. Dès l'ouverture, en octobre 1882, les élèves, de toute race, de toute religion vinrent en si grand nombre, qu'il fallut construire une aile nouvelle. Aujourd'hui, en plein quartier Européen, sur l'avenue de la marine, et près de la cathédrale de Tunis, s'élève le collège français, qui va bientôt compter trois cents élèves. Les enfants aiment leur école, apprennent à s'y connaître, dès la première jeunesse ; la liberté de leurs croyances, de leurs traditions y est respectée ; mais ils sont formés à la morale la plus pure et s'habituent à considérer la France, comme la grande nation de Dieu, comme leur patrie. Afin que les études soient suivies et régulières, pour que les Pères puissent se livrer tout entiers à l'éducation, le collège Saint-Charles de Tunis est sous le même régime que le collège Stanislas de Paris. Les professeurs sortent de l'Université, mais la direction et l'administration sont entre les mains des Pères Blancs.

Les jeunes filles ont aussi leurs pensionnats, l'un à

Tunis, l'autre à Carthage, et sur le territoire de la Régence, grâce à l'activité infatigable du vaillant Primat d'Afrique, plus de quinze écoles primaires ont été créées, en trois ans, avec les seules ressources de la charité. Ces écoles, destinées à alimenter le collège Saint-Charles et les pensionnats de jeunes filles, font l'admiration des visiteurs. Naguère, un membre de l'Association Franklin, protestant d'origine, chargé d'étudier les questions d'enseignement en Tunisie, a consigné cette phrase dans son rapport : « Les Missionnaires, dans le protectorat, sont un merveilleux instrument de colonisation. »

On a défini l'apôtre, un homme qui ne doit s'arrêter qu'à la fin du monde. Les Pères d'Afrique ne s'arrêtent pas. Pendant qu'ils s'établissaient sur les hauteurs de Carthage, pour rayonner ensuite sur toutes les villes de la Régence, d'autres groupes de missionnaires, trois par trois, comme c'est leur règle fondamentale, allaient à la reconnaissance, par delà les gorges de l'Atlas, jusqu'aux portes du Sahara et du Soudan. Ils voulaient atteindre les Touaregs, cette autre famille des Berbères, qui est nomade et ne laisse de ses pas qu'une trace fugitive dans les sentiers du désert. A leur suite, ils espéraient pouvoir entrer à Tombouctou, la ville fameuse et porter le coup de mort à la traite et à l'esclavage, qui est la source de toutes les infamies.

A cette fin, les Pères Blancs préparaient de longue

main des expéditions dans le Sahara et dans le Soudan.
Appuyés sur nos possessions françaises les plus avan-
cées au Sud de Biskra et même sur la Tripolitaine, ils
choisissaient Tougourth, El-Goleah, comme des stations, où ils pourraient rencontrer des caravanes et s'at-
tacher des chameliers. De là, ces voyages dans la
régence de Tripoli, à Rhadamès, où les Pères Blancs
étaient déposés comme des colis dans une rue déserte ;
de là ces excursions dans ces plaines de sable, couvertes d'alfas et de broussailles épineuses, où l'on n'avait
d'autre couche que le lit desséché des rivières et dans
le voisinage des vipères à cornes qui donnent la mort
en deux heures ; tout cela pour approcher les Touaregs,
s'aboucher avec eux, et parvenir à se mêler à leurs
caravanes en route pour le Sud, par *Rhat* ou *In-Salah.*
On disait les chefs Touaregs fidèles aux engagements
contractés.

Nous allons voir si les Pères d'Afrique ont pu échapper à l'instinct rapace de ces pirates qu'on appelle « les
écumeurs de ces mers de sable. »

Vers la fin de 1874, un événement étrange sembla
favoriser les projets d'une croisade dans le Soudan.
Des Touaregs, convaincus d'avoir pris part à une in-
surrection avaient été saisis, conduits à Alger et condamnés à être passés par les armes. L'exécution n'eut
pas lieu, car leur grâce fut obtenue par l'intervention
de Mgr d'Alger. Les Touaregs vivement touchés d'une

démarche si inattendue, vinrent remercier en corps celui qui leur avait sauvé la vie. Un repas leur fut offert, et à la fin de la réception, le chef des Touaregs prenant la parole, dans le langage de toutes ces races du désert : « Tu es notre Père, dit-il à l'Archevêque, nous te devons la vie. Compte désormais sur nous ; nous répondrons de ceux de tes enfants que tu voudras envoyer dans le Soudan. Nous les accompagneron.., nous les défendrons jusqu'à la mort. » Cela dit, les Touaregs prirent le chemin d'In-Salah, dans la direction du sud-ouest.

Dès les premiers mois de l'année suivante, on voulut mettre à profit la bonne volonté des Touaregs. Une caravane composée de trois missionnaires prenait la route la plus courte pour Tombouctou, celle qui incline vers l'Ouest et passe par In-Salah. Durant plusieurs mois d'indicibles angoisses, on demeura sans nouvelles. Puis des chameliers échappés au désastre vinrent annoncer que les Pères avaient été massacrés par les Touaregs noirs ; les têtes avaient été tranchées, les restes jetés au feu et calcinés. Le mystère de ce drame sanglant n'a pu être éclairci. On a dit que les Touaregs n'avaient été que des émissaires, que les ordres partaient d'ailleurs. Il y a tant de Touaregs aujourd'hui !

Malgré tout, les Pères Blancs ne connurent pas le découragement. Ils se reposaient dans la pensée que le chemin du désert, arrosé du sang de leurs martyrs, était définitivement ouvert, qu'en prenant de préférence la route de l'est par Rhat, quoique la plus longue pour se rendre à Tombouctou, ils pourraient s'appuyer sur des Touaregs réputés très sûrs et très hospitaliers. Durant cinq années, par des reconnaissances incessantes dirigées vers le Sud, depuis Rhadamès jusqu'à Rhat, ils contractaient des amitiés, nouaient des alliances avec les plus influents des Touaregs. Ces derniers soupçonnés d'avoir trempé dans la fin sanglante du colonel Flatters ne montraient aucune hostilité envers les Pères et les voyaient même de très bon œil. L'heure tant souhaitée venait de sonner pour cet héroïque Père Richard; — nous saluons en lui un breton et l'une des plus belles âmes de notre époque — il allait être au comble de ses vœux et pouvoir partir avec ses deux compagnons « les pieds sur la terre, le cœur dans les cieux ! »

On touchait à la fin de 1881. La caravane organisée et protégée par les chefs Touaregs était partie de Rhadamès ; elle s'était avancée à près de cinq cents kilomètres dans le Sud. Après avoir dépassé Rhat, elle marchait à petites journées dans ces mornes solitudes et ne s'arrêtait que pour camper auprès des puits, avoisinant les salines. Les nouvelles reçues par les caravanes qui se croisent étaient excellentes, lorsqu'au commencement de 1882, des coureurs vinrent annoncer que les Pères n'étaient plus ; ils avaient été décapités, aux abords d'un puits, il y avait deux ou trois jours. Des cavaliers s'empressèrent d'accourir ; ils ne trouvèrent plus que des ossements brûlés et noircis, des vêtements en lambeaux, couverts de sang, et tout près de ces objets sanglants, le chien du Père Richard, un *Slugi*, au repos, abimé dans sa douleur, qui ne relevait la tête que pour faire entendre des hurlements lugubres. Tandis que les hommes s'abandonnaient à une barbarie sauvage, un animal n'obéissant qu'à son instinct, pleurait à sa manière, et réclamait par des cris, son maître qu'on venait d'immoler !

La tristesse fut grande dès les premières rumeurs qui apportaient la nouvelle de ce second massacre ; un long cri de douleur s'éleva dans le monde chrétien, une lettre partie d'Alger exhalait les plaintes de la nature déchirée et prodiguait des consolations à des mères qui vivaient encore ! Mais enfin, c'était un sentiment de joie et de fierté chrétienne, qui était la note dominante. Qui donc oserait soutenir que la foi est morte parmi nous, que notre nation n'est plus capable de générosité et de sacrifice, lorsqu'elle a du sang à verser encore pour la cause de l'Évangile et pour la grandeur de la patrie française ? On le vit bien à la messe d'actions de grâces, célébrée avec l'agrément du Souverain-Pontife, en l'honneur des trois victimes. Tandis que les cœurs étaient opprimés, les yeux rougis par les larmes, des voix animées par l'espérance entonnaient le *Te Deum*, et célébraient ces trois enfants de la France qui venaient d'être réunis à la glorieuse armée des Martyrs !

L'expérience était faite. Jusqu'à des jours plus propices, il ne fallait plus penser à poursuivre la croisade au Nord, mais concentrer toute l'action apostolique vers le Sud-Est, par les passages ouverts dans la direction des grands lacs. On devait prendre terre à Zanzibar, et remonter dans la direction de l'équateur. C'était un voyage immense, par mer, pour gagner Zanzibar, par terre, pour traverser les territoires inconnus qui s'étendent du 10e degré de latitude Sud jusqu'à la ligne équatoriale. La perspective de ces obstacles et de ces fatigues ne put ébranler le courage des Pères Blancs ils se mirent en route pour les Lacs et le haut Congo.

Our effectuer le long trajet de Zanzibar aux grands lacs, il est presque impossible d'utiliser les animaux vulnérables, qui succombent trop vite aux piqûres du *tsétsé* ; il faut faire appel aux indigènes de ces contrées et choisir, parmi eux, des porteurs fortement constitués. Aussi, l'organisation d'une caravane est-elle une entreprise des plus compliquées, selon le témoignage de tous les explorateurs qui s'engagent dans les régions équatoriales.

Il s'agit, en effet, d'allier et de mettre d'accord les éléments les plus disparates : des Arabes, des Zanzibarites, des Nègres, qui jouissent de quelque réputation de sobriété et de modération dans l'usage des boissons fermentées. C'est presque un problème insoluble, celui qui consiste à aligner, à discipliner des êtres dégradés, faciles aux querelles, voleurs, incorrigibles et qui profitent souvent de la première halte pour disparaître avec leur bagage. Lorsqu'on s'imagine avoir tout conclu, on s'aperçoit que tout doit être recommencé. C'est une première dépense d'énergie.

Ajoutez le ressort de la volonté sans cesse tendu dans des voyages qui durent, non pas quelques jours, mais des mois et des mois, des luttes à soutenir contre le climat, les ardeurs tropicales, des obstacles à franchir qui se renouvellent avec une uniformité désespérante. Ici, des fleuves, de larges rivières, dont les gués sont toujours soigneusement cachés par les naturels du pays ; là, des forêts épaisses, des épines drues et serrées, des plantes aux émanations fortes et âcres et dont les brindilles fouettent le visage, en y produisant une brûlure analogue à celle que le piment fait dans la bouche. C'est un art de camper, mais surtout de décamper à propos, pour ne pas entendre de trop près le rugissement du lion qui glace de terreur, pour fuir le voisinage de serpents audacieux qui rampent droit à l'homme, lancent leur venin à dix pas, et toujours dans les yeux.

Il n'est pas possible de traverser une peuplade — et ces peuplades ne sont séparées que par une jungle, par un marais — sans que la caravane soit soumise aux tracas et aux humiliations des tributs, des droits de passage et de résidence, bien connus sous le nom de *hongo*. Le plus petit négus, la reine du plus modeste territoire entend bien qu'on lui offre, de gré ou de force, un ballot d'étoffes, aux couleurs très vives ; peu importe la finesse du tissu. Après bien des pourparlers pour réduire l'imposition, le ballot est accordé, et les porteurs se trouvent soulagés d'autant. Pour entrer dans un village, on paye le hongo ; on le paye pour boire un verre d'eau, pour occuper un emplacement, pour être admis dans la case du roi et même pour en sortir. Mais quelque vexatoire que puisse être ce droit de passage, réclamé à tout venant, on le préfère encore au droit de pillage. Dans ce hongo substitué à la destruction de la caravane, les explorateurs s'accordent à reconnaître un commencement de civilisation !....

Pendant les étapes, l'alimentation n'est pas facile, elle est aussi très peu variée. On vit à la grâce de Dieu, aujourd'hui de racines broyées, demain, et ce demain n'arrive pas souvent, d'un morceau de girafe. Les forces sont vites abattues, l'estomac devient paresseux, et la fièvre, qui couve en permanence sous ces régions boisées, mine à la longue les plus fortes constitutions européennes. Faut-il s'étonner que tant de voyageurs succombent à la maladie, lorsqu'ils ont vaincu mille autres fatigues et triomphé des ruses, des embuscades et des guet-à-pens !

Malgré ces difficultés, qui paraissent insurmontables à première vue, les Pères Blancs ont organisé trois, quatre caravanes, appuyées, dès la seconde, par des zouaves pontificaux, Belges presque tous, toujours avides de dévouement et de sacrifice, et agrégés solennellement à titre d'auxiliaires pour le commandement si difficile des porteurs indigènes. Ces caravanes, parties de Zanzibar, sont parvenues à Tabora, après des efforts prodigieux, « en montant, et en descendant toujours. » A partir de Tabora, les Missionnaires du Nyanza prennent la route du nord, ceux du Tanganyka et des sources du Congo, continuent à marcher en droite ligne dans la direction de l'ouest. D'autres caravanes remontent en ce moment le Bas-Congo, depuis notre colonie de Brazzaville jusqu'aux cataractes de la ligne de l'équateur. Plusieurs de ces admirables serviteurs de Dieu, quelques-uns des zouaves pontificaux belges, n'ont pu supporter ce climat meurtrier ou sont morts sous la *zagaie* des nègres sanguinaires. Leurs corps reposent dans les profondeurs des forêts vierges et l'emplacement de leur sépulture n'est révélé que par une petite croix de bois. C'est là qu'ils attendent la résurrection glorieuse.

A peine établis au sein des grands royaumes qui entourent les lacs de l'équateur, les Missionnaires d'Afrique eurent sous les yeux un spectacle navrant, auquel rien jusqu'à ce jour ne les avait préparés. Les récits des voyageurs qui passent, des explorateurs qui vont vite, sont fantastiques, lorsqu'on les compare à la situation telle qu'elle existe. Ces peuplades, en état de guerre continuelle entre elles, se poursuivent sans cesse par le fer et par le feu, s'égorgent de tribus à tribus, pour piller et pour détruire. L'enjeu de la lutte est souvent une verroterie ou un fichu d'indienne. Les têtes des vaincus plantées au bout des piques sont les hideux trophées qui servent d'avenue aux villages.

Au milieu de ce ramassis de fauves, vivant dans le désordre et le pêle-mêle de la honte, il ne faut pas s'attendre à trouver les traces de la société, pas même celles de la famille. L'enfant guette son père ou insulte sa mère, dès la première jeunesse ; on se vole, on se vend, on cherche à se dévorer. Dans ces contrées, on ne voit presque jamais d'or ni d'argent, l'homme est la monnaie courante et l'instrument de l'échange. Le prix d'un objet, d'une mesure de *sorgho* ou de quelques chétifs quadrupèdes, se compte par têtes d'esclaves, comme chez nous on compte par louis de vingt francs. Il n'est pas rare qu'une pièce de cinq francs soit un homme !

En présence de cette affreuse dégradation, qui avilit

toute la personne humaine, les Pères Blancs ont pris le parti de tenter leur premier essai de civilisation auprès des chefs, des femmes et des enfants.

Les chefs, naturellement curieux de tout ce qui est nouveau, ont fait presque tous un accueil gracieux aux Missionnaires d'Afrique. Ces grands *nègus* sont ravis, lorsqu'on leur offre quelque costume étincelant, quelques dépouilles de nos grandeurs déchues ; les Pères Blancs ont eu soin de s'en munir au marché du Temple, avant de quitter Paris. Le roi Mtésa, dont on a tant parlé, et malgré qu'il fût circonvenu par des quakers venus d'Angleterre, ne se lassait pas de la conversation des Missionnaires. Souvent, accompagné de son chien, qu'il tenait en laisse, il venait échanger avec eux de fréquentes visites; dans l'installation qu'il leur avait permise et facilitée. Mais les Pères Blancs n'ont pas dû se fier à ces premiers témoignages. Le barbare reparaissait trop souvent chez l'enfant. N'est-il pas arrivé à Mtésa, au sortir d'entretiens si pleins de cordialité, de faire précipiter des centaines de victimes dans le Nyanza, pour apaiser le génie du lac, de faire exécuter cinquante de ses mille femmes, en une seule fois, en une seule nuit ? Le fils de Mtésa règne aujourd'hui ; il est malheureusement dans les dispositions de son père; la crainte l'exaspère et le rend cruel. La polygamie est à détruire et l'amour du sang à éteindre, avant que la foi chrétienne puisse germer et s'étendre.

Les femmes et les enfants sont les premières créatures qu'il faille conquérir à Dieu. Tout d'abord les mères. Ces malheureuses, dénuées de tout secours, ne peuvent espérer de dignité morale que par l'influence de l'Évangile. Chargées des fatigues, des soins de la maternité, elles sont vouées aux corvées les plus dures, et travaillent aux champs, leurs petits enfants juchés sur leurs épaules. On ne leur accorde que des satisfactions puériles ou meurtrières, celle de fumer une sorte de *haschich* suffocant. Mais, à la différence des hommes, qui ont le privilège de tousser, à leur aise, à chaque expiration, les femmes ne doivent pas tousser. Qu'elles étouffent plutôt !

Ces traitements indignes ne sont rien en comparaison des actes de cruauté dont elles sont les victimes. Qu'on nous pardonne de consigner ici des détails qui font horreur. Lorsque les chefs barbares construisent un piège pour attirer le lion ou le tigre, ils proposent une de leurs femmes comme amorce vivante. Nous connaissons les récits de ces funérailles royales, où les femmes du mort sont ensevelies, malgré leur terreur, malgré leurs cris, dans le lit d'une rivière un moment détournée de son cours. Ces créatures affolées sont rangées en cercle et accroupies autour du défunt, et lui servent de piédestal et de monument funèbre. Quand la cérémonie est terminée, la rivière reprend son cours.

Mais ce n'est pas seulement dans le palais des rois

danger, l'art de résister aux fauves, et particulière-
ment à ces cavaliers audacieux qui enlèvent les femmes et les enfants, qu'ils appellent sans pudeur
« le bois d'ébène ? » Nous devons ajouter, pour l'intelligence de cette éducation belliqueuse, que le suzerain
du Tanganyka, si puissant, si considéré, est un zouave
pontifical qui s'est battu au Mans, et qui depuis, selon
un mot heureux, s'est fait Africain, pour demeurer
plus Français !

De jeunes églises viennent de naître dans ces vastes
royaumes. Les néophytes qui aspirent à la connaissance
de notre foi et au baptême, sont soumis aux mêmes
épreuves imposées, dès les origines du christianisme,
aux catéchumènes. Ces épreuves ont été soutenues
pendant quatres années. et les néophytes, dont la per-
sévérance ne s'est pas démentie, ont eu le bonheur
d'être admis dans la grande famille catholique. Mais
Dieu a voulu sonder la fermeté de leurs dispositions,
et ces nouveaux chrétiens sont en ce moment jetés
dans les prisons et dans les fers.

On nous annonçait des bords du Nyanza, vers la fin
de juillet dernier, qu'une persécution venait d'éclater,
que la foi de ces jeunes néophytes avait été admirable
et s'était montrée capable de résister jusqu'à l'effusion
du sang. Des lettres récentes, qui nous parviennent,
confirment ces nouvelles terribles et consolantes en
même temps. Ces nègres chrétiens viennent d'ouvrir

leur martyrologe. Un grand nombre — il monte peut-
être à cent, on ne connaît que les noms de vingt-deux
victimes — sont morts sous la bastonnade, ont été
brûlés vifs, au milieu des tourments les plus raffinés,
mais avec une constance qui frappait de stupeur les
bourreaux eux-mêmes. Mgr Livinhac, le vicaire apostolique de l'Ouganda, reçoit à cette heure, et du Souve-
rain Pontife lui-même, la mission d'informer sur leur
martyre pour la foi.

En attendant que le Père de tous les fidèles décide
sur leur cause, nous envoyons un salut d'affection fra-
ternelle à ces premières fleurs tout empourprées de la
jeune Église de l'Équateur...

CETTE étude ne peut demeurer incomplète.
Elle le serait si nous finissions sans offrir
l'hommage de notre respect et de notre
reconnaissance à celui qui a été le bras de Dieu dans
toute cette entreprise.

Je sais bien que, de nos jours, deux doctrines se dis-
putent le monde. L'une, celle de nos pères dans la
foi, établit que la Providence suscite, aux heures de
grande détresse, des hommes qui sont à la hauteur des

infortunes, pour les secourir et pour les consoler. L'autre, qui prétend s'appuyer sur les données positives de la science, déclare, dans un langage mécanique, que les grands hommes n'existent pas, qu'ils sont simplement « une force sociale, et la résultante d'un énorme agrégat de forces qui ont agi ensemble pendant des siècles ! »

Que cette théorie chimique de la notion du grand homme accomplisse son évolution, mais qu'il me soit permis de rester fidèle à nos traditions et de saluer l'homme providentiel qui a été, après Dieu, depuis vingt ans, l'inspirateur, l'âme et le soutien de cette œuvre immense.

Déjà, lorsque j'ai fait allusion à celui qui se portait le garant et le défenseur des Pères Blancs contre les détracteurs de leur mission, lorsque j'ai raconté la bénédiction des Attafs, les établissements de Tunisie, il était visible que nous avions tous présents à l'esprit l'intrépide apôtre que les Arabes se plaisent à nommer le grand général des Marabouts de France, l'évêque infatigable qu'un colonel anglais rapprochait de la Lumière de l'Église d'Afrique. « Nous avons vu saint Augustin, s'écriait-il ! », le prince de la sainte Église romaine, qu'un archevêque de nos contrées appelait naguère « le plus grand évêque du temps » — Son Éminence le Cardinal Lavigerie, Archevêque d'Alger et de Carthage, Primat d'Afrique. Nous l'avions

tous à la pensée ; néanmoins je persistais à vouloir le
réserver pour la fin de cette exposition. Comme il a la
gloire de résumer l'entreprise tout entière, d'en être le
ciment, n'était-il pas juste qu'il fournît la dernière im-
pression sur laquelle nous devons rester ? Son intelligence, sa vertu, son caractère,son activité, toute sa personne est marquée d'une ineffaçable empreinte dans la
conception de cette œuvre et dans sa rapide expansion.

C'est lui qui recueillait les enfants arabes, victimes
de la famine et de la peste ; il avait la première idée
de ces orphelinats depuis transformés en écoles, les-
quels sont aujourd'hui disséminés en Algérie, dans
les îles, comme dans la mère-patrie ;

C'est lui qui groupait le premier noyau de prêtres
de bonne volonté, et qui leur enseignait que le nom de
Père Blanc est synonyme de martyr. Bientôt il proje-
tait au loin l'action de la société naissante à Jérusalem, à Malte, à Rome, à Tunis, longtemps avant la
question du Protectorat, ces jours derniers, à Kaïrouan,
cette seconde ville du fanatisme musulman, après la
Mecque. En vain, quelques voix discordantes s'éle-
vaient-elles, même de notre patrie, pour contester son
influence: une feuille italienne, *la Riforma*, déclarait,
qu'à lui seul l'archevêque d'Alger valait un corps
d'armée de cent mille hommes !

C'est lui qui fondait l'hôpital de Ste-Élisabeth, et ne
reculait pas devant le projet hardi d'établir les villages

chrétiens de St-Cyprien et de Ste-Monique. Aujour-
d'hui, sa plus douce joie est de visiter cette colonie
d'orphelins, dont pas un seul n'a apostasié, d'exhorter
les jeunes ménages, de se complaire au babil des enfants,
qui grimpent sans respect sur ses genoux, et savent
déjà, avec un accent de tendresse touchante, bégayer
le nom de « grand Papa ». N'est-il pas le père de la
première génération ?

C'est des hauteurs de Notre-Dame d'Afrique, où
sont venues s'agenouiller tant de nos gloires françaises,
qu'il suivait du regard ses fils bien-aimés, en partance
pour le désert, pour Zanzibar et les lacs de l'équateur ;
c'est là qu'il demeurait en prières, pour les bénir, et
les accompagner des vœux de son cœur, pour verser
des larmes sur leur mort, pour chanter leur martyre et
leur triomphe, pour consoler les mères incomparables
qui avaient donné de leur vie à la cause de l'Évangile !

Lorsque, par l'autorité de Pie IX et celle de Léon
XIII, il était successivement promu délégué du Soudan et des régions équatoriales, lorsque tout récem-
ment, il était revêtu de la pourpre cardinalice et décoré
du titre de Primat d'Afrique, il sentit que des honneurs
qui persistaient à venir le chercher, lui imposaient le
devoir, à lui qui s'était déjà tant donné, de se dépenser
par-dessus toute mesure. Que ses fils, les Pères Blancs
portent leur avant-garde dans le Djurjurah, à Carthage, aux solitudes du Soudan, qu'ils affrontent les

latitudes de feu de l'Équateur, qu'ils rendent populaire non seulement la foi qu'ils enseignent, mais encore
la langue dans laquelle ils l'enseignent et la patrie d'où
ils viennent ; qu'ils apprennent aux barbares la loi de
la fraternité, qu'ils les préparent à la réforme-mère de
tous les autres, l'amour et le respect de la personne
humaine ; qu'ils dressent enfin.leurs autels sur les ruines
des cultes cruels et barbares — lui, leur Père, malgré
son âge, ses épreuves, ses infirmités, prend son bâton
de quêteur, et s'en va, de par le monde, mais surtout
dans sa chère France ; il parle, il écrit, il a des paroles
pour convaincre, d'autres pour persuader ; c'est un
voyageur sans halte ni repos, lorsque la fatigue l'acca-
ble, il marche encore. Il a pu dire agréablement de lui-
même qu'il était, sans contredit, l'évêque qui a fait le
plus de kilomètres....

Durant cet hiver, il a voulu se ménager une solitude
dans l'oasis de Biskra. Afin de tromper ses fatigues,
mais plutôt pour interrompre le cours habituel de ses
occupations, il rédige un ouvrage sur les origines de
l'Église d'Afrique. Lorsque ce livre sera terminé, il n'y
aura qu'à tourner le dernier feuillet, pour rattacher à
l'histoire du passé, cette autre histoire du présent, dont
le cardinal Lavigerie demeurera le héros. Il a demandé,
sur l'inscription tumulaire déjà préparée dans l'un des
caveaux de l'Église primatiale de Carthage, qu'on ne
retint rien autre chose de lui, sinon qu'il n'était plus que

poussière! Les âges qui suivront ne pourront cependant
jamais oublier qu il fut un Apôtre et l'un des plus fidèles enfants de la France.

Pour nous, en présence des merveilles déjà accom-
plies, comment ne pas entourer de nos respects et de
nos sympathies généreuses, des hommes qui luttent
pour la vérité et la justice jusqu'à la mort, jusqu'à l'effusion du sang, comment ne pas éprouver un vif sentiment de pieuse admiration pour Celui et ceux qui rani-
ment nos énergies chrétiennes si ébranlées, et qui viennent de nous démontrer, en leurs personnes, qu'il y a
encore quelque honneur, quelque gloire à se dire Français !

Lille, le 8 février 1887,

fête de saint, Jean de Matha, *fondateur de l'ordre*
de la Rédemption des Captifs.

www.ingramcontent.com/pod-product-compliance
Lightning Source LLC
LaVergne TN
LVHW050301090426
835511LV00038B/798